សាលារៀន - школа 2
ការធ្វើដំណើរ - путешествие 5
ការដឹកជញ្ជូន - транспорт 8
ទីក្រុង - город 10
ទេសភាព - ландшафт 14
ភោជនីយដ្ឋាន - ресторан 17
ផ្សារទំនើប - супермаркет 20
ភេសជ្ជៈ - напитки 22
អាហារ - еда 23
កសិដ្ឋាន - ферма 27
ផ្ទះ - дом 31
បន្ទប់ទទួលភ្ញៀវ - гостиная 33
ផ្ទះបាយ - кухня 35
បន្ទប់ទឹក - ванная комната 38
បន្ទប់របស់កុមារ - детская комната 42
សម្លៀកបំពាក់ - одежда 44
ការិយាល័យ - офис 49
សេដ្ឋកិច្ច - экономика 51
មុខរបរ - профессии 53
ឧបករណ៍ - инструменты 56
ឧបករណ៍តន្ត្រី - музыкальные инструменты 57
សួនសត្វ - зоопарк 59
កីឡា - спорт 62
សកម្មភាពនានា - действия 63
ក្រុមគ្រួសារ - семья 67
រាងកាយ - тело 68
មន្ទីរពេទ្យ - больница 72
សង្គ្រោះបន្ទាន់ - неотложный случай 76
ផែនដី - земля 77
នាឡិកា - часы 79
សប្តាហ៍ - неделя 80
ឆ្នាំ - год 81
រាង - формы 83
ពណ៌ - цвета 84
ផ្ទុយគ្នា - противоположности 85
លេខ - цифры 88
ភាសា - языки 90
នរណា / អ្វី / របៀប - кто / что / как 91
កន្លែង - где 92

Impressum
Verlag: BABADADA GmbH, Nedderfeld 112 , 22529 Hamburg
Geschäftsführer / Verlagsleitung: Harald Hof
Druck: Books on Demand GmbH, In de Tarpen 42, 22848 Norderstedt

Imprint
Publisher: BABADADA GmbH, Nedderfeld 112 , 22529 Hamburg, Germany
Managing Director / Publishing direction: Harald Hof
Print: Books on Demand GmbH, In de Tarpen 42, 22848 Norderstedt, Germany

បន្ទប់រៀន
классная комната

ចែក
делить

186/2

ក្ដារខៀន
доска

ទីធ្លាសាលារៀន
школьный двор

គ្រូបង្រៀន
учитель

ក្រដាស
бумага

សរសេរ
писать

បិក
ручка

តុការិយាល័យ
письменный стол

បន្ទាត់
линейка

សៀវភៅ
книга

កូនសិស្ស
ученик

សម្ភារៀតសុបកៃ

ранец

ប្រអប់ដាក់ខ្មៅដៃ

пенал

ខ្មៅដៃ

карандаш

ប្រដាប់ខ្ចងខ្មៅដៃ

точилка

ជ័រលុប

ластик

ផ្ទាំងគំនូរ

альбом для рисования

គំនូរ

рисунок

ជក់គូរ

кисточка

ប្រអប់ថ្នាំលាប

коробка красок

កន្ត្រៃ

ножницы

ការបិទ

клей

សៀវភៅលំហាត់

тетрадь

កិច្ចការផ្ទះ

домашняя работа

12

លខ

цифра

2+2

បូក

прибавлять

5-2

ដក

вычитать

2×2

គុណ

умножать

គណនា

считать

A

លិខិត

буква

ABCDEFG HIJKLMN OPQRSTU VWXYZ

អក្ខរក្រម

алфавит

hello

ពាក្យ

слово

អត្ថបទ

текст

អាន

читать

ដីស

мел

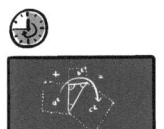

មេរៀន

урок

ចុះឈ្មោះ

классный журнал

ការប្រលង

экзамен

វិញ្ញាបនបត្រ

диплом

ឯកសណ្ឋានសាលា

школьная форма

ការអប់រំ

образование

សព្វវចនាធិប្បាយ

энциклопедия

សាកលវិទ្យាល័យ

университет

មីក្រូទស្សន៍

микроскоп

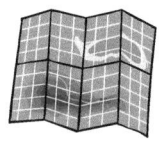

ផែនទី

карта

កន្ត្រករដាក់សំរាមក្រដាស

корзина для бумаг

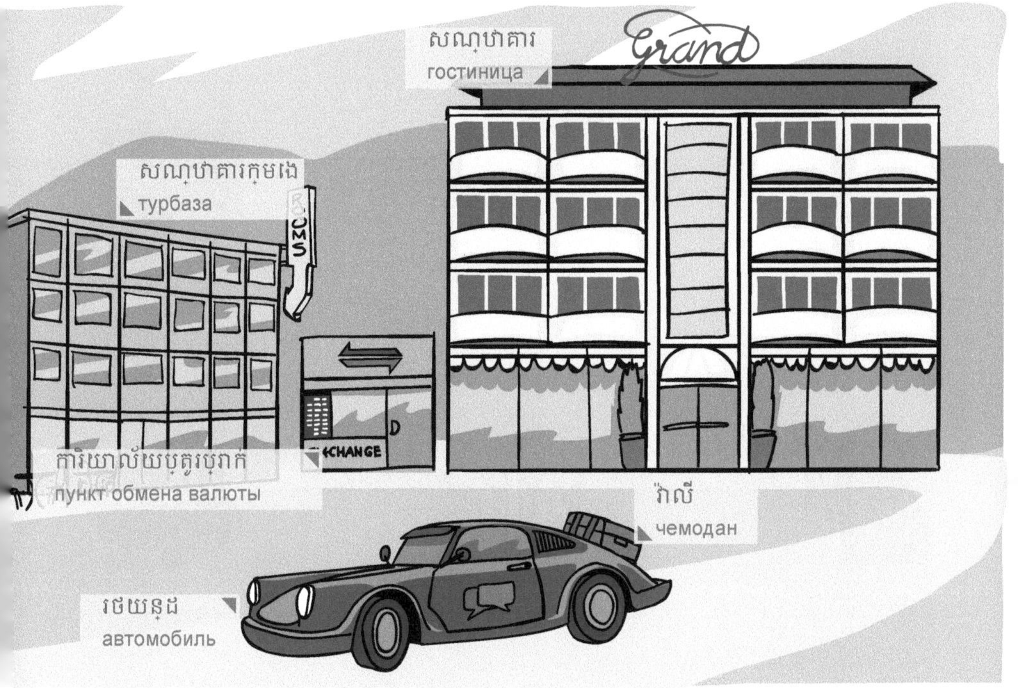

សណ្ឋាគារ
гостиница
Grand
សណ្ឋាគារក្មេង
турбаза
ROOMS
EXCHANGE
ការិយាល័យប្តូរប្រាក់
пункт обмена валюты
វ៉ាលី
чемодан
រថយន្ត
автомобиль

ភាសា
язык

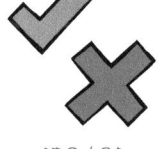

បាទ / ទេ
да / нет

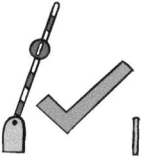

យល់ព្រម
хорошо

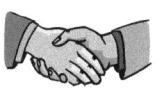

សាយ័ន្តសួស្តី!
Привет

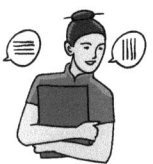

អ្នកបកប្រែ
переводчик

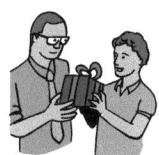

សូមអរគុណ
Спасибо

ចូលប៉ុន្មាន... ?

Сколько стоит…?

ខ្ញុំមិនយល់

Я не понимаю

បញ្ហា

проблема

ទិវាសួស្តី!

Добрый вечер!

អរុណសួស្តី

Доброе утро!

រាត្រីសួស្ដី!

Доброй ночи!

លាហើយ

До свидания

ទិសដៅ

направление

អីវ៉ាន់

багаж

កាបូប

сумка

កាបូបស្ពាយក្រោយ

рюкзак

ភ្ញៀវ

гость

បន្ទប់

комната

ថង់ដេក

спальный мешок

តង់

палатка

ព័ត៌មានទេសចរណ៍

туристическая информация

ឆ្នេរ

пляж

កាតឥណទាន

кредитная карточка

អាហារពេលព្រឹក

завтрак

អាហារថ្ងៃត្រង់

обед

អាហារពេលល្ងាច

ужин

សំបុត្រ

билет

ជណ្ដើរយន្ត

лифт

តម្រ

почтовая марка

ព្រំដែន

граница

គយ

таможня

ស្ថានទូត

посольство

ទិដ្ឋាការ

виза

លិខិតឆ្លងដែន

паспорт

ការដឹកជញ្ជូន

транспорт

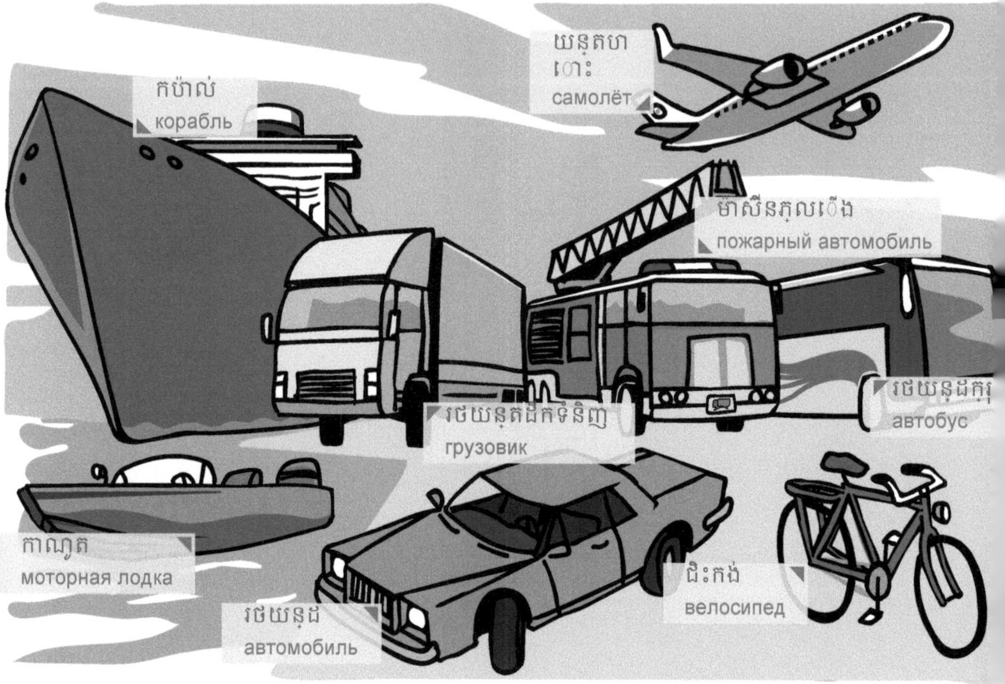

យន្តហោះ
самолёт
កប៉ាល់
корабль
ម៉ាសីនភ្លើង
пожарный автомобиль
រថយន្តដឹកទំនិញ
грузовик
រថយន្តដឹក
автобус
កាណូត
моторная лодка
ជិះកង់
велосипед
រថយន្ត
автомобиль

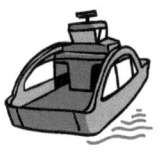

សាឡាង

паром

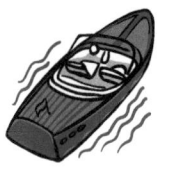

ទូក

лодка

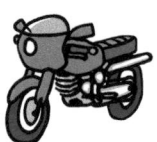

ម៉ូតូ

мотоцикл

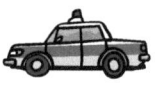

រថយន្តប៉ូលិស

полицейский автомобиль

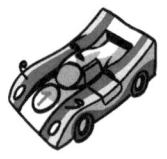

រថយន្តប្រណាំង

гоночный автомобиль

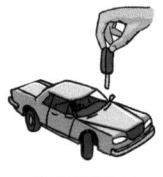

រថយន្តជួល

арендованный автомобиль

ការចែករំលែករថយន្ត

овместное пользование
автомобилями

ឡានសុទូច

буксировочный
автомобиль

ឡានបរមូលសំរាម

мусоровоз

ម៉ូតូ

двигатель

ប្រេងឥន្ធនៈ

топливо

ស្ថានីយបរេង

заправка

រលាកសញ្ញាចរាចរណ៍

дорожный знак

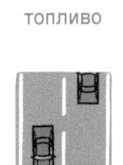

ការធ្វើរើចរាចរណ៍

движение

កកស្ទះចរាចរណ៍

пробка

ចំណត

автостоянка

សា្ថនីយរថភ្លេលើង

вокзал

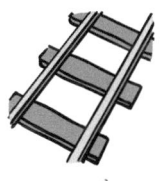ផ្លូវរដែក

рельсы

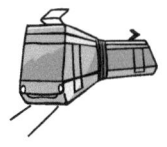

រថភ្លើង

поезд

 រថអគ្គីសនី

трамвай

ទូរថភ្លើង

вагон

ឧទ្ធម្ភាគចក្រ

вертолёт

ព្រលានយន្តហោះ

аэропорт

ប៉ម

вышка

អ្នកដំណើរ

пассажир

កុងតឺន័រ

контейнер

កុរដាសកាតុង

коробка

រទេះ

тележка

កញ្ចប់

корзина

ហោះឡ្បេង / ចុះ

взлетать / приземляться

ទីក្រុង

город

ភូមិ

деревня

កណ្ដាលទីក្រុង

центр города

ផ្ទះ

дом

រោងភាពយន្ត
кинотеатр

ការផ្សព្វផ្សាយ
реклама

ចង្កៀងតាមដងផ្លូវ
уличный фонарь

CINEMA

ផ្លូវ
улица

តាក់ស៊ី
такси

ហាងអាហារសម្រន
киоск

អ្នកថ្មើរជើរជើង
пешеход

ចិញ្ចើមផ្លូវ
тротуар

ធុង
мусорное ведро

គន្លងឆ្លងកាត់
пешеходный переход

កុលរ៉េងសញ្ញាចារចរណ៍
светофор

ផ្លូងកាត់
перекрёсток

ខ្ទម
хижина

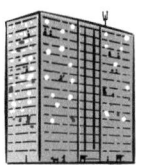

ផ្ទះល្វែង
квартира

ស្ថានីយរថភ្លើងល្បឿន
вокзал

សាលាក្រុង
ратуша

សារមន្ទីរ
музей

សាលារៀន
школа

សាកលវិទ្យាល័យ

университет

ធនាគារ

банк

មន្ទីរពេទ្យ

больница

សណ្ឋាគារ

гостиница

ឱសថស្ថាន

аптека

ការិយាល័យ

офис

ហាងលក់សៀវភៅ

книжный магазин

ហាង

магазин

ហាងផ្កា

цветочный магазин

ផ្សារទំនើប

супермаркет

ទីផ្សារ

рынок

ហាងទំនិញ

универмаг

ហាងលក់ត្រី

торговец рыбой

មជ្ឈមណ្ឌលផ្សារទំនើប

торговый центр

កំពង់ផែ

порт

ឧទ្យាន

парк

បង្គោល

скамейка

ស្ពាន

мост

ជណ្តើរ

лестница

ផ្លូវក្រោមដី

метро

ផ្លូវរូងក្រោមដី

тоннель

ចំណតរថយន្តក្រុង

автобусная остановка

បារ

бар

ភោជនីយដ្ឋាន

ресторан

ប្រអប់សំបុត្រ

почтовый ящик

សញ្ញាតាមដងផ្លូវ

табличка с названием улицы

ឧបករណ៍បូរមូលផុលចំណត

паркометр

សួនសត្វ

зоопарк

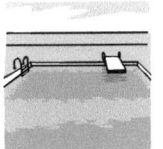

អាងហាលែទឹក

бассейн

វិហារអ៊ីស្លាម

мечеть

កសិដ្ឋាន

ферма

ការបំពុល

загрязнение окружающей среды

វាលកប់ខ្មោច

кладбище

ព្រះវិហារ

церковь

គ្រឿងរៀងអេលកម្មសែលេង

детская площадка

ប្រាសាទ

храм

ទេសភាព

ландшафт

- ស្លឹក — лист
- សញ្ញាប្រាប់ទិសដៅ — дорожный указатель
- ផ្លូវ — дорога
- វាលស្មៅ — луг
- ដុំថ្ម — камень
- អ្នកទេសចរណ៍ — путешественник
- ដើមឈើ — дерево
- ទន្លេ — река
- ស្មៅ — трава
- ផ្កា — цветок

ជ្រលងភ្នំ

долина

កូនភ្នំ

гора

បឹង

озеро

ព្រៃឈើ

лес

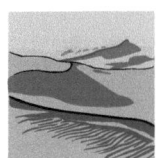

វាលខ្សាច់

пустыня

ភ្នំភ្លើង

вулкан

គំនោរកប់

замок

ឥន្ទធនូ

радуга

ផ្សិត

гриб

ដើមត្នោត

пальма

មូស

комар

រុយ

муха

ស្រមោច

муравей

សត្វឃ្មុំ

пчела

ពីងពាង

паук

សត្វកញ្ជ្រៃ
жук

កង្កែប
лягушка

កំប្រុក
белка

សត្វកាំប្រមា
еж

ទន្សាយស្លឹក
заяц

សត្វទីទុយ
сова

បក្សី
птица

ហង្ស
лебедь

ជ្រូក
кабан

សត្វក្តាន់
олень

សត្វក្តោជាន់
лось

ទំនប់
плотина

កង្ហារខ្យល់
ветряной генератор

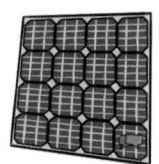

បន្ទះស្ងួត្បា
солнечная батарея

អាកាសធាតុ
климат

ទេសភាព - ландшафт

ភោជនីយដ្ឋាន

ресторан

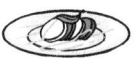

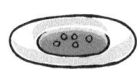

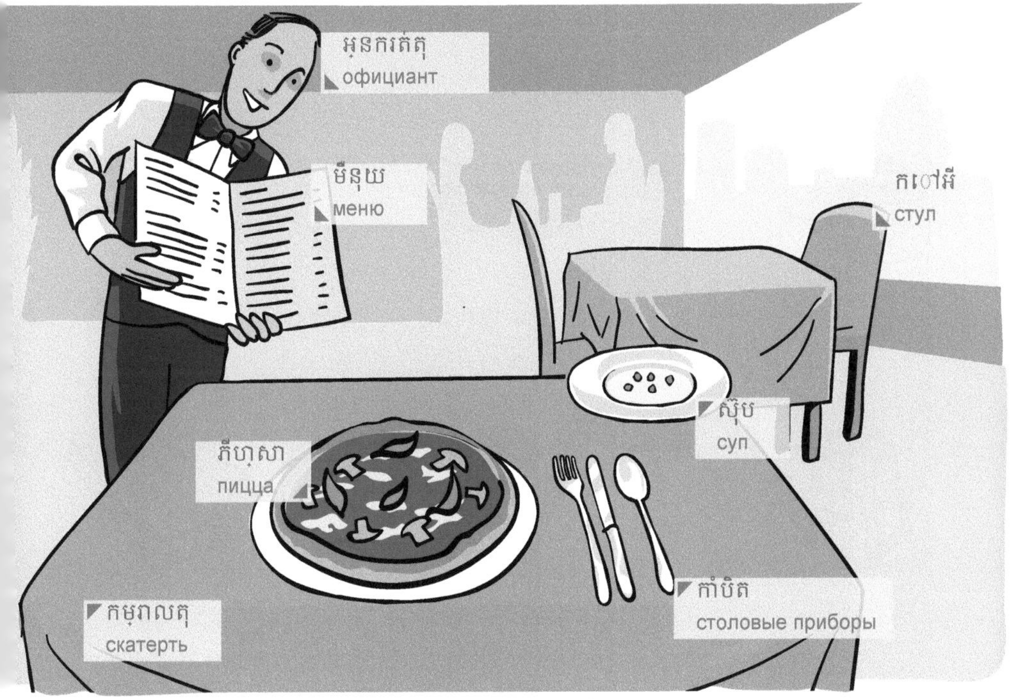

អ្នករត់តុ
официант
មីនុយ
меню
កៅអី
стул
ស៊ុប
суп
ភីហ្សា
пицца
កាំបិត
столовые приборы
កម្រាលតុ
скатерть

អាហារសម្រន់

закуска

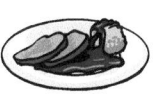

អាហារសំខាន់

главное блюдо

បង្អែម

десерт

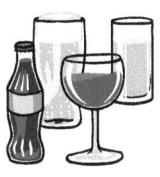

ភេសជ្ជៈ

напитки

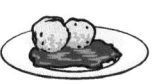

អាហារ

еда

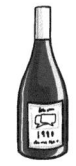

ដប

бутылка

អាហារហ័ស

фастфуд

អាហារតាមផ្លូវ

уличная еда

ប៉ាន់តែ

чайник

ឬអប់ស្ករ

сахарница

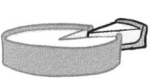

ចំណែក

порция

ម៉ាស៊ីនតុងកាហ្វេអ៊ិចស្ព្រេសស៊ូ

кофеварка

កៅអីខ្ពស់

детский стульчик

វិក្កយបត្រ

счет

ថាស

поднос

កាំបិត

нож

សម

вилка

ស្លាបព្រា

ложка

ស្លាបព្រាកាហ្វេ

чайная ложка

កន្សែងជូតខ្លួន

салфетка

កវ៉

стакан

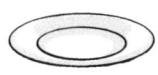

ចានទាប
....
тарелка

ចានស៊ុប
....
суповая тарелка

ចានទូរនាប់
....
блюдце

ទឹកជ្រលក់
....
соус

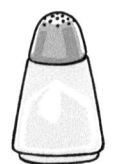

ដបអំបិល
....
солонка

បុរដាប់កិនម្រេច
....
мельница для перца

ទឹកខ្មេះ
....
уксус

បុររេង
....
масло

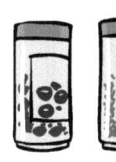

គ្រឿងទេស
....
специи

ទឹកប់ដេប់ពោះ
....
кетчуп

ម៉្យាក
....
горчица

ទឹកមយ៉ូណេ
....
майонез

ផ្សារទំនើប

супермаркет

ការផ្តល់ជូនពិសេស
специальное предложение
FOR
អតិថិជន
покупатель
ទឹកដោះគោ
молочные продукты
ផ្លែឈើ
фрукты
រទេះរុញ
тележка для покупок

BUTCHERS

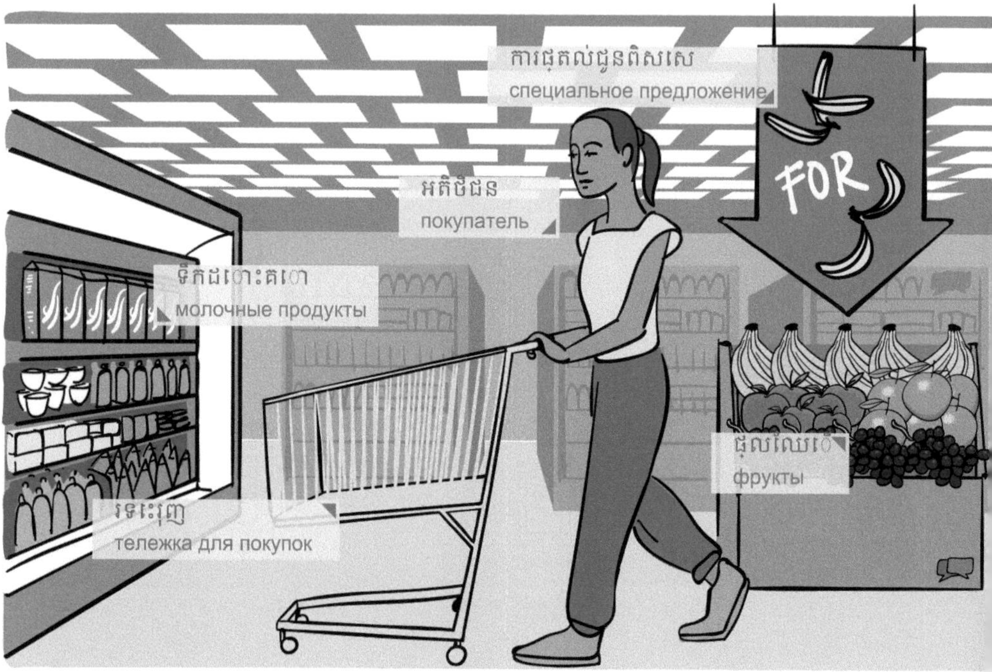

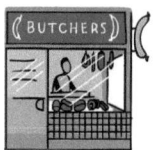

ហាងកាប់ជ្រូក

мясной магазин

BAKERY

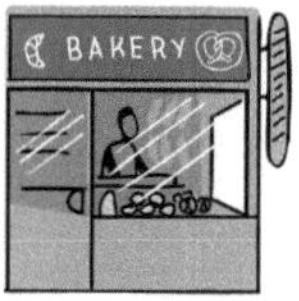

ហាងដុតនំ

пекарня

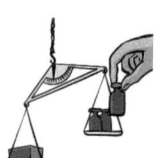

ថ្លឹង

взвешивать

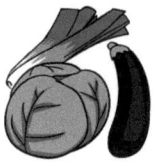

បន្លែ

овощи

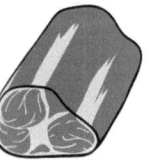

សាច់

мясо

អាហារក្លាស្សេ

быстрозамороженные продукты

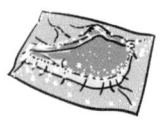

សាច់កុលាសរ

нарезка

អាហារកំប៉ុង

консервы

មុសទៅលាង

стиральный порошок

សុអរគុរាប់

сладости

ផលិតផលក្នុងគ្រួសារ

предмет домашнего обихода

ផលិតផលសម្អាត

моющее средство

អ្នកលក់

продавщица

ចតដាក់លុយ

касса

បេឡា

кассир

បញ្ជីទិញទំនិញ

список покупок

ម៉ោងធ្វើការ

время работы

កាបូបលុយបុរស

бумажник

កាតឥណទាន

кредитная карточка

ថង់

сумка

ថង់ប្លាស្ទិច

полиэтиленовый пакет

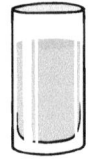

ទឹក

вода

ទឹកផ្លែឈើ

сок

ទឹកដោះគោ

молоко

កូកាកូឡា

кока-кола

ស្រា

вино

ស្រាបៀរ

пиво

គ្រឿងស្រវឹង

алкоголь

កាកាវ

какао

តែ

чай

កាហ្វេ

кофе

កាហ្វេអិចស្ព្រេស្សូ

эспрессо

កាហ្វេកាពូឈីណូ

капучино

ចកេ

банан

ផ្លែប៉ោម

яблоко

ផ្លែក្រូច

апельсин

ឪឡឹក

арбуз

ក្រូចឆ្មា

лимон

ការ៉ុត

морковь

ខ្ទឹម

чеснок

ឬស្សី

бамбук

ខ្ទឹមបារាំង

лук

ផ្សិត

гриб

គ្រាប់ផ្លែឈើ

орехи

មី

лапша

មីអ៊ីតាលី

спагетти

ហាយ

рис

សាឡាត់

салат

ដំឡូងចៀន

картофель фри

ដំឡូងចៀន

жареный картофель

ភីហ្សា

пицца

បីហ្គ័រ

гамбургер

សាំងវិច

сэндвич

សាច់ជាប់ឆ្អឹងជំនី

шницель

ហាំ

ветчина

សាឡាមី

салями

សាច់ក្រក

колбаса

សាច់មាន់

курица

អាំង

жаркое

ត្រី

рыба

អារ៉ីនបបរ

овсяные хлопья

មុយ៉ូស្លី

мюсли

ដំឡូងចំណិត

кукурузные хлопья

មុសរៅ

мука

នំគ្រួសង់

круассан

នំប៉័ងមុយ៉ាងមួលតូចៗ

булочка

នំប៉័ង

хлеб

អាំង

тост

នំប៊ីស្គី

печенье

ប៊ឺ

масло

ទឹកដោះខាប់

творог

នំខេក

пирог

ស៊ុត

яйцо

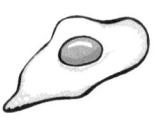

ស៊ុតចៀន

яичница

ឈីស

сыр

ការ៉េម

мороженое

ស្ករ

сахар

ទឹកឃ្មុំ

мёд

ជំណាប់

мармелад

ក្រមែតាំងម៉ៃ

крем с нугой

ការី

карри

ផ្ទះក្នុងកសិដ្ឋាន
крестьянский дом

ជង្រុក
сарай

ខ្សែចែងចម្បូបបើង
тюк из соломы

វាលស្រូវ
поле

សេះ
лошадь

របស់ណុជ
ពេង
прицеп

កូនសេះ
жеребёнок

តុរាកទ័រ
трактор

សត្វលា
осёл

កូនចៀម
ягнёнок

សត្វចៀម
овца

ពពែ
коза

គោញី
корова

កូនគោ
телёнок

ជ្រូក
свинья

កូនជ្រូក
поросёнок

គោឈ្មោលពោល
бык

សត្វក្ងាន

គុសь

ទា

утка

កូនមាន់

цыплёнок

មមោន់

курица

មាន់ឈ្មោល

петух

កណ្ដុរ

крыса

ឆ្មា

кошка

កណ្ដុរបូរមេះ

мышь

គោឈ្មោល

вол

ឆ្កែ

собака

ផ្ទះឆ្កែ

конура

ទុយោទឹក

садовый шланг

ធុងស្រោចទឹក

лейка

ខូវែបក

коса

នង្គ័ល

плуг

x

កណ្ដៀវ
серп

ចបកាប់
мотыга

រនាស់
навозные вилы

ពូថៅ
топор

ទេះរុញ
тачка

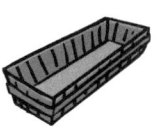

សុនក
корыто

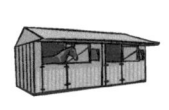

កំប៉ុងទឹកដោះគោ
бидон для молока

ហារ
мешок

របង
забор

កូរពោល
хлев

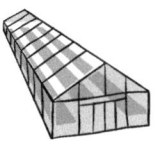

ផ្ទះកញ្ចក់
теплица

ដី
почва

គុរាប់ពូជ
посев

ជី
удобрение

ម៉ាស៊ីនបូរម្ងូលផល
комбайн

ប្រមូលផល

собирать урожай

ការប្រមូលផល

урожай

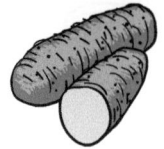

ដំឡូងជក់

ямс

សុរ្វសាលី

пшеница

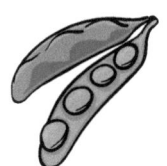

សណ្តែកសៀ្យង

соя

ដំឡូងជក់

картофель

ពោត

кукуруза

គ្រាប់ប្ររង៉វៃ

рапс

ដើមឈើហ្វុបផ្លៃ

фруктовое дерево

ដំឡូងមី

маниок

ញ្ញាជាតិ

злаки

កសិដ្ឋាន - ферма

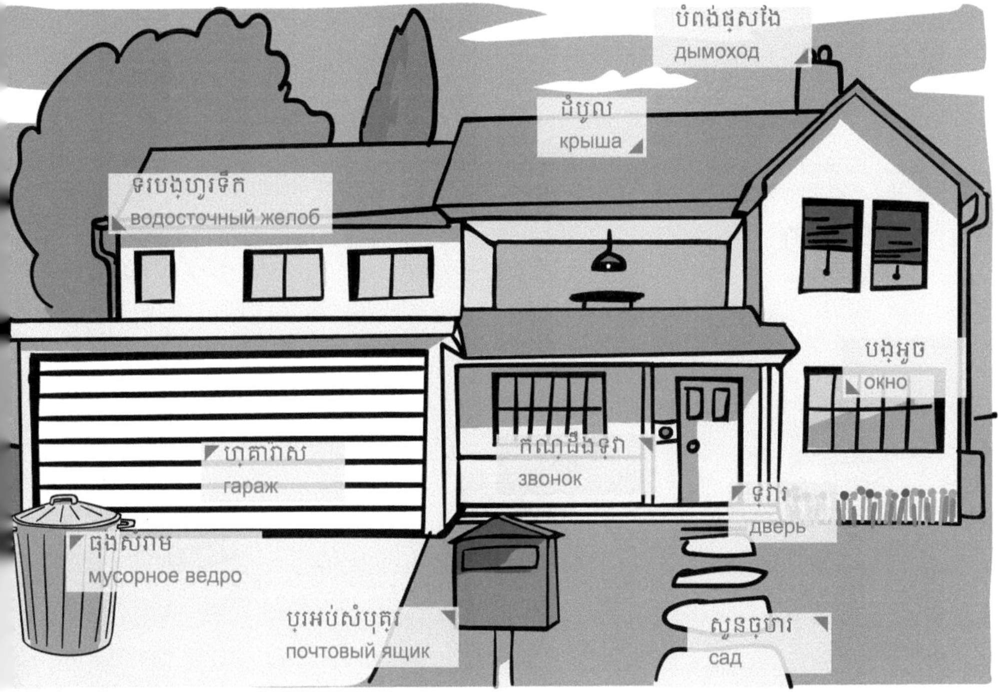

បំពង់ផ្សែង
дымоход

ដំបូល
крыша

ទុយងុហ្វូរទឹក
водосточный желоб

បង្អួច
окно

ហ្គារ៉ាស
гараж

កណ្ដឹងទ្វារ
звонок

ទ្វារ
дверь

ធុងសំរាម
мусорное ведро

បុរអប់សំបុត្រ
почтовый ящик

សួនច្បារ
сад

បន្ទប់ទទួលភ្ញៀវ

гостиная

បន្ទប់ទឹក

ванная комната

ផ្ទះបាយ

кухня

បន្ទប់គេង

спальня

បន្ទប់របស់កុមារ

детская комната

បន្ទប់ទទួលទានអាហារ

столовая

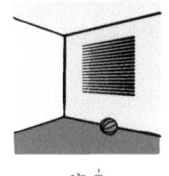

ជាន់

пол

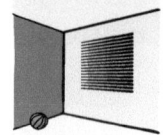

ជញ្ជាំង

стена

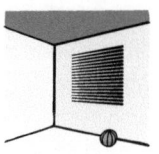

ពិដាន

потолок

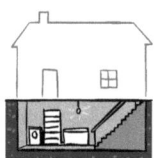

បន្ទប់ក្រោមដី

подвал

ស្វណា

сауна

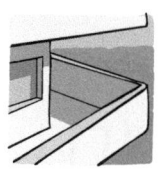

យ៉ែរ

балкон

ផ្ទៃរាបស្មើនៅជមុល
ក្នុំ

терраса

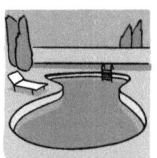

អាងហែលទឹក

бассейн

ម៉ាស៊ីនកាត់ស្មៅ

газонокосилка

សន្លឹក

пододеяльник

កម្រាលគ្របែរកែ

покрывало

គ្រែ

кровать

អំបោស

метла

ធុង

ведро

កុងតាក់

выключатель

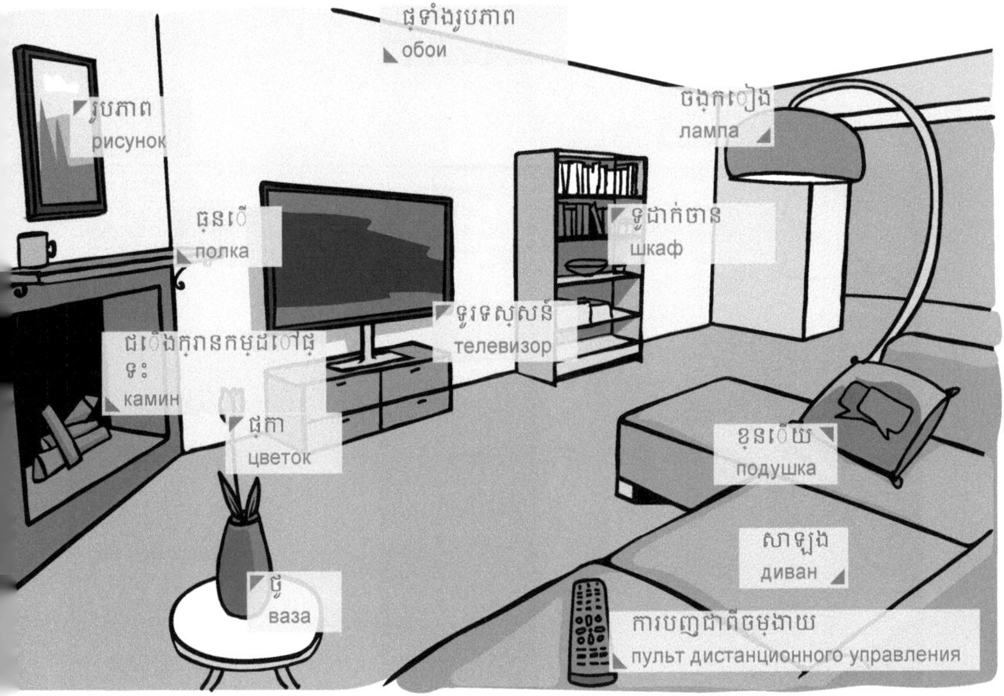

ផ្ទាំងរូបភាព
обои

រូបភាព
рисунок

ចង្កៀង
лампа

ធ្នើរ
полка

ទូដាក់ចាន
шкаф

ជរេងកុវានកមុជឡៅផ្ត
ទុះ
камин

ទូរទស្សន៍
телевизор

ខ្នើយ
подушка

ផ្កា
цветок

សាឡុង
диван

ថូ
ваза

ការបញ្ជាព័ត៌មេងាយ
пульт дистанционного управления

កម្រាលព្រំ
ковёр

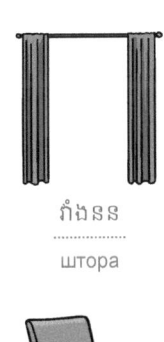

វាំងនន
штора

តុ
стол

កៅអី
стул

កៅអីហ៊ាក់ប៉ើក
кресло-качалка

កៅអីភ្នាក់ជវៃ
кресло

សៀវភៅ

книга

ភួយ

покрывало

ការតុបតែង

украшение

អុសដុត

дрова

ខុសភោគយន្ត

фильм

ឧបករណ៍ Hi-Fi

стереосистема

កូនសោ

ключ

កាសែត

газета

គំនូរ

картина

ផ្ទាំងរូបភាព

плакат

វិទ្យុ

радио

ណូតផតគេ

блокнот

ម៉ាស៊ីនបូមធូលី

пылесос

ដំបងយកុស

кактус

ទៀន

свеча

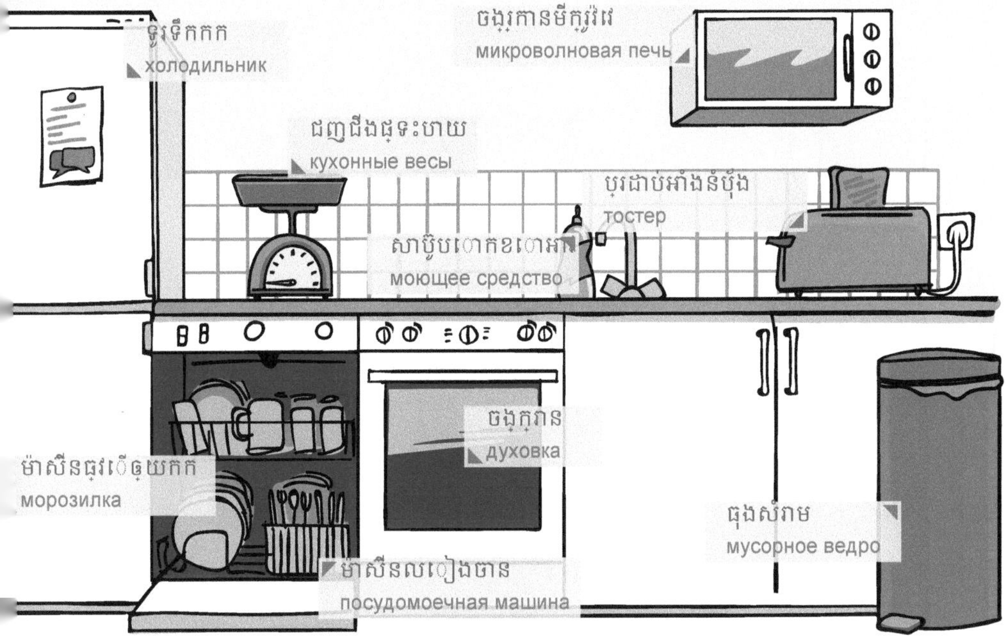

ទូរទឹកកក
холодильник

ចង្ក្រានមីក្រូវ៉េវ
микроволновая печь

ជញ្ជីងផ្ទះបាយ
кухонные весы

បុរេជាប់អាំងនំប៉័ង
тостер

សាប៊ូបោកោកខ្ចោ
моющее средство

ចង្ក្រាន
духовка

ម៉ាស៊ីនធ្វើេឱ្យកក
морозилка

ផុងសំរាម
мусорное ведро

ម៉ាស៊ីនលេាងចាន
посудомоечная машина

ចង្ក្រាន
плита

ឆ្នាំង
кастрюля

ឆ្នាំងដៃ
чугунный котелок

ខ្ទះ / ខ្ទះផណ្ឌា
вок / кадай

ខ្ទះ
сковорода

កំសេៀវ
чайник

ឌុនាំងចំហុយ

пароварка

ថាសដុតនំ

противень

គ្រឿងចានឌុនាំងដី

посуда

ថ្វី

кружка

ចានគេាម

миска

ចង្កឹះ

палочки для еды

វែកសមុល

половник

វែកគូរ

лопатка

ប្រដាប់វាយក្រឡេក

сбивалка

តម្រង

сито

កន្ទុរង

сито

ប្រដាប់កេាសជូង

тёрка

ត្បាល់

ступка

ការអាំងសាច់

гриль

ចង្ក្រានចំហ

костёр

ផ្ទះរញ
доска

បូរដាប់កិនម្សៅ
скалка

បូរដាប់មូរបើកឆ្នុកសុរា
штопор

កំប៉ុង
жестяная банка

បូរដាប់បើកកំប៉ុង
консервный нож

ករណាត់ទុបផ្តុនាំង
прихватка

កន្លែងលាងចាន
раковина

ជក់
щетка

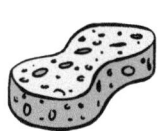

អប៉ុង
губка

ម៉ាស៊ីនកូរឡ្បែក
миксер

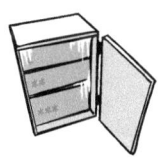

ទូរទឹកកកខ្លាំតួច
морозильная камера

ដបទឹកដបះគេហោ
бутылочка для кормления

រុបើណរ
кран

កម្ដៅរៅ
отопление

ផ្កាឈូក
душ

កន្សែង
полотенце

វាំងននង្គួតទឹកផ្កាឈូក
душевая занавеска

ការងួតទឹកកពុះ
пенистая ванна

អាងងួតទឹក
ванна

កវ៉
стакан

ម៉ាស៊ីនបោកគក់
стиральная машина

រូបីណា
кран

គុរទ្បាក្រុបរឿង
плитка

ចានបង្គន់
горшок

កន្សែងលាងដៃន
раковина

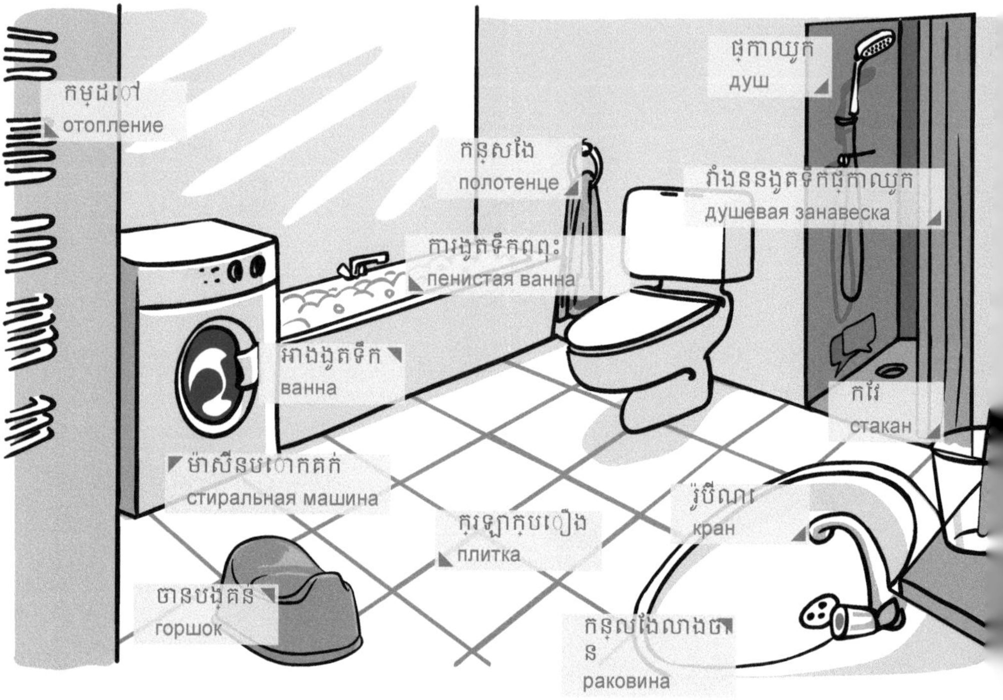

បង្គន់
туалет

បង្គន់អង្គុយ
напольный унитаз

ផ្លេងជម្រះកាយ
биде

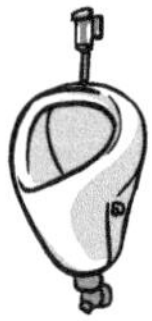

កុលាទឹកនោម
писсуар

គុរដាសបង្គន់
туалетная бумага

ច្រាសដុសបង្គន់ន
ершик

ច្រាសដុសធ្មេញ

зубная щетка

ថ្នាំដុសធ្មេញ

зубная паста

ខ្សែទោក៏សម្អាតធ្មេញ

зубная нить

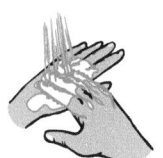

លាង

мыть

បូរដាប់ដាក់ដៃផ្កាឈូក

ручной душ

ទឹកថ្នាំសម្អាប់ហាញលាង

интимный душ

អាង

таз

ច្រាសដុសខ្នង

щетка для спины

សាប៊ូ

мыло

បសម្អាប់ងួតទឹកផ្កាឈូ

гель для душа

សាប៊ូ

шампунь

សក្លាត

мочалка

បំពង់បង្ហូរទឹក

сток

កុរម៉ែ

крем

ថ្នាំបំហាត់កុលិនអាករ

дезодорант

កញ្ចក់

зеркало

កញ្ចក់ដៃ

ручное зеркало

ហ្វូមកោរពុកមាត់

пена для бритья

ទឹកលាងកុរកោយកោរពុកមាត់រួច

лосьон после бритья

បុរដាប់កោរ

бритва

កុរស

расческа

ជក់

щетка

បុរដាប់សមុងគតសក់

фен

សុព្វរាយបាញ់សក់

лак для волос

ការតុបតែងមុខ

косметика

កុរមែលាបមាត់

губная помада

ថ្នាំលាបកុរចក

лак для ногтей

រោមកបុហាស

вата

កន្តុរកៃាត់កុរចក

маникюрные ножницы

ទឹកអប់

духи

កាបូបបពោកគត់

косметичка

លាមក

табуретка

ជញ្ជីងថ្លឹងទម្ងន់

весы

អាវពាក់ងូតទឹក

халат

ស្រោមដៃកៅស៊ូ

резиновые перчатки

ផ្នុក

тампон

កន្សែងអនាម័យ

иеническая прокладка

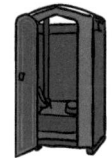

បង្គន់គីមី

биотуалет

បន្ទប់របស់កុមារ
детская комната

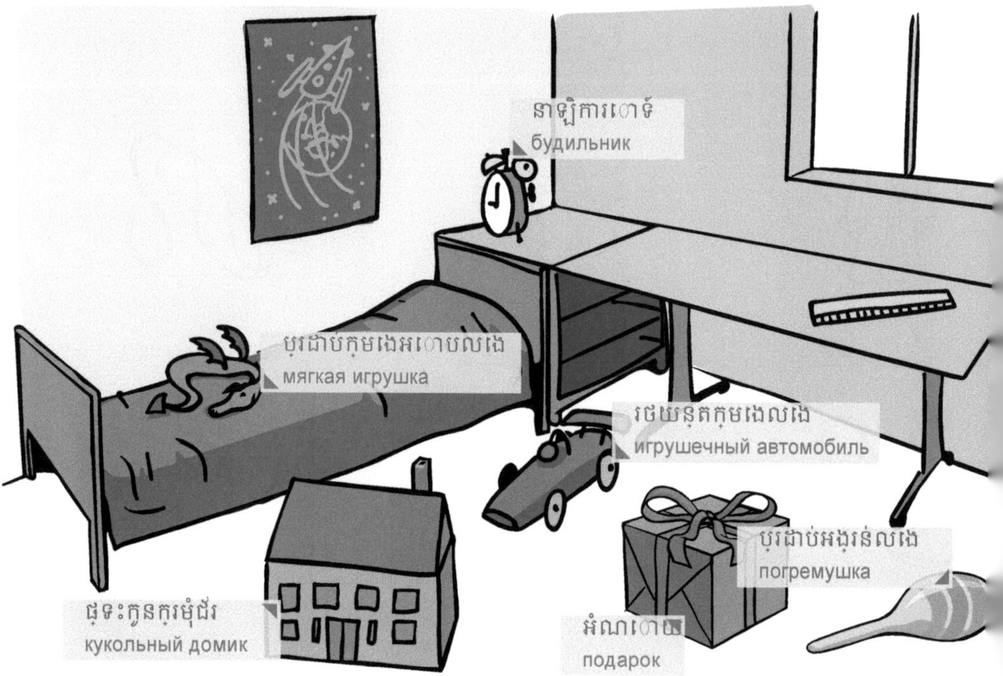

នាឡិការោទ៍
будильник
ប្រដាប់ក្មេងអោបលេង
мягкая игрушка
រថយន្តក្មេងលេង
игрушечный автомобиль
ប្រដាប់អង្រន់លេង
погремушка
ផ្ទះកូនក្រមុំជ័រ
кукольный домик
អំណោយ
подарок

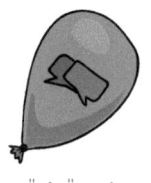

ប៉េងប៉ោង

воздушный шар

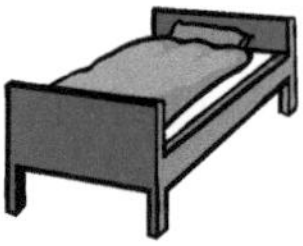

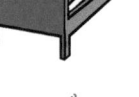

គ្រែ

кровать

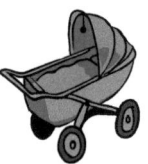

រទេះរុញទារក

детская коляска

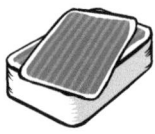

ហ៊្យីបបៀ

карточная игра

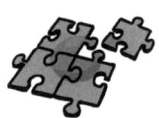

រូបផ្គុំ

пазл

SUPER
MEGA

កំប្លែង

комикс

ឥដ្ឋ Lego

кирпичики Лего

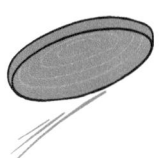

បុល្កបុរដោប់កុមងលងេ

кубики

តួលខេសកម្មភាព

игрушечная фигурка

ខោអាវទារក

ползунки

ការគប់ថាស

фрисби

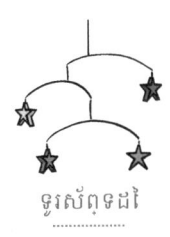

ទូរស័ព្ទដៃ

мобиле

កុតារល្បងែ

настольная игра

គ្រាប់ឡ្បកឡ្បាក់

кубик

ឈុតរថភ្លើងៃគុ

модель железной дороги

រូបសំណាក

соска

គណបក្ស

вечеринка

សៀវភៅរូបភាព

книга с картинками

ហាល់

мяч

កូនក្រមុំតុក្កតា

кукла

លងែ

играть

រណ្ដៅលេងខ្សាច់

песочница

ទោង

качели

បរដាប់កុមរេលេង

игрушка

កុងសួលវីដេអូហ្គេម

игровая приставка

គូរីចក្រយានយន្ត

трёхколесный велосипед

តុក្កតាខ្លាឃ្មុំ

плюшевый медвежонок

ទូខោអាវ

шкаф для одежды

ស្រោមជើង

носки

ស្រោមជើងវែង

чулки

ខោទ្រនាប់នារី

колготки

កម្មៅ
шарф

ឆ័ត្រ
зонтик

អាវយឺត
футболка

ស្រ្កែវរវត់
ремень

ស្បែកជើងកំរៃ
ង
сапоги

ស្បែកជើងពាក់នេ
ខុ
тапки

ស្បែកជើងប៉ាតា
кроссовки

ស្បែកជើងសង្វែក
сандалии

ស្បែកជើង
ботинки

ស្បែកជើងករវែកពៅស្ងៃ
резиновые сапоги

ខោទ្រនាប់បុរស
трусы

អាវទ្រនាប់
бюстгальтер

អាវកាក់
майка

រាងកាយ

боди

ខោវែង

брюки

ខោខូវប៊ីយ

джинсы

សំពត់

юбка

អាវក្រុមពៅ

блузка

អាវ

рубашка

អាវយឺត

свитер

អាវយឺត

свитер

អាវធំ

спортивная куртка

អាវក្រុមពៅ

жакет

អាវធំ

пальто

អាវភ្លៀងវែង

плащ

គុរវៀងតវៃ

костюм

អាវវែង

платье

សំលៀកបំពាក់អាពាហ៍ពិពាហ៍

свадебное платье

ខោអាវឈុត

мужской костюм

រូបរាគ្ត្រី

ночная сорочка

ឈុតគេង

пижама

សារី

сари

កន្សែងជួតក្បាល

платок

ឆ្នួត

тюрбан

សុបម៉ែខ

паранджа

kaftan

кафтан

abaya

абайя

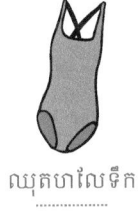

ឈុតហាលែទឹក

купальник

ខោខ្លី

плавки

ខោខ្លី

шорты

ឈុតហាត់កីឡា

портивный костюм

អាវអៀម

фартук

ស្រោមដៃ

перчатки

ឡៀវអាវ

пуговица

វ៉ែនតា

очки

ខ្សដៃ

браслет

ខ្សកៃ

цепочка

ចិញ្ចៀន

кольцо

កុវិល

серьга

មួក

шапка

បរដាប់ពួយអាវកុរៗ

вешалка

មួក

шляпа

កុវាត់ក

галстук

រូត

застежка молния

មួកសុវត្ថិភាព

шлем

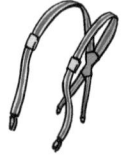

ខ្សវ៉ែ

подтяжки

ឯកសណ្ឋានសាលា

школьная форма

ឯកសណ្ឋាន

форма

អៀមទារក
детский нагрудник

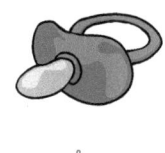

រូបសំណាក
соска

ខោទឹកនោម
подгузник

ការិយាល័យ
офис

ម៉ាស៊ីនមេ
сервер

ទូឯកសារ
канцелярский шкаф

ម៉ាស៊ីនបោះពុម្ព
принтер

ម៉ូនីទ័រ
монитор

កូរដាស
бумага

តុការិយាល័យ
письменный стол

កិណ្ឌូរ
мышь

ស៊ីម
папка

ក្តារចុច
клавиатура

កន្ត្រករដាក់សំរាមករដាស
корзина для бумаг

កុំព្យូទ័រ
компьютер

កោៅអី
стул

កវែកាហ្វេ
кофейная кружка

ម៉ាស៊ីនគិតលេខ
калькулятор

អ៊ីនធឺណិត
интернет

កុំព្យូទ័រយួរដៃ

ноутбук

លិខិត

письмо

សារ

сообщение

ទូរស័ព្ទទូដៃ

мобильный телефон

បណ្តាញ

сеть

ម៉ាស៊ីនថតចម្លង

ксерокс

សូហ្វវែរ

программа

ទូរស័ព្ទ

телефон

នុធជដ្ភោត

розетка

ម៉ាស៊ីនទូរសារ

факс

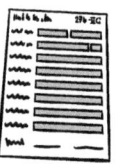

ទម្រង់បែបបទ

формуляр

ឯកសារ

документ

ការិយាល័យ - офис

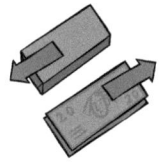

ទិញ

покупать

បង់ប្រាក់

платить

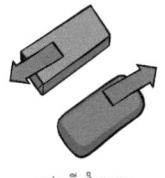

ធ្វើពេជំនួញ

торговать

លុយ

деньги

USD

ប្រាក់ដុល្លារ

доллар

EUR

ប្រាក់អឺរ៉ូ

евро

JPY

ប្រាក់យ៉េន

иена

RUB

ប្រាក់រូប៊ិល

рубль

CHF

ហ្វ្រង់ស្វ៊ីស

франк

CNY

ប្រាក់យ៉ន

жэньминьби юань

INR

ប្រាក់រូពី

рупия

កន្លែងប្រើសាច់ប្រាក់

банкомат

ការិយាល័យប្តូរប្រាក់

пункт обмена валюты

មាស

золото

ប្រាក់

серебро

ប្រេង

нефть

ថាមពល

энергия

តម្លៃ

цена

កិច្ចសន្យា

договор

ពន្ធ

налог

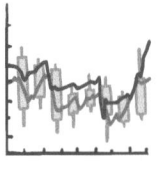

ភាគហ៊ុន

акция

ធ្វើការ

работать

បុគ្គលិក

служащий

និយោជក

работодатель

រោងចក្រ

фабрика

ហាង

магазин

មនុស្សប៉ូលិស
милиционер

អ្នកពន្លត់អគ្គិភ័យ
пожарный

ធ្វើម្ហូប
повар

វេជ្ជបណ្ឌិត
врач

អ្នកបើកយន្តហោះ
пилот

អ្នកថែសួន

садовник

ជាងឈើ

столяр

ជាងកាត់ដេរ

швея

ចៅក្រម

судья

គីមីវិទូ

химик

តួកុន

актёр

អ្នកបើកឡានក្រុង

водитель автобуса

អ្នកបើកតាក់ស៊ី

таксист

អ្នកនេសាទ

рыбак

សុត្តិអ្នកសមុអាត

уборщица

ជាងដំបូល

кровельщик

អ្នករត់តុ

официант

អ្នកបរបាញ់សត្វ

охотник

វិចិត្រករ

художник

អ្នកដុតនំ

пекарь

ជាងអគ្គីសនី

электрик

ជាងសំណង់

строитель

វិស្វករ

инженер

អ្នកកាប់សាច់

мясник

ជាងជួសជុលទុយោរទឹក

сантехник

អ្នករត់សំបុត្រ

почтальон

ទាហាន

солдат

ស្ថាបត្យករ

архитектор

បេឡា

кассир

អ្នកលក់ផ្កា

флорист

អ្នកកាត់សក់

парикмахер

អ្នកយកលុយ

кондуктор

ជាងម៉ាស៊ីន

механик

កាព៉ីទែន

капитан

ពេទ្យធ្មេញ

зубной врач

អ្នកវិទ្យាសាស្ត្រ

ученый

គ្រូបង្រៀនចបាប់សញ្ជាតិ
ជីហារ

раввин

លោកសង្ឃយចាម

имам

ព្រះសង្ឃយ

монах

បពុជិត

священник

ឧបករណ៍

инструменты

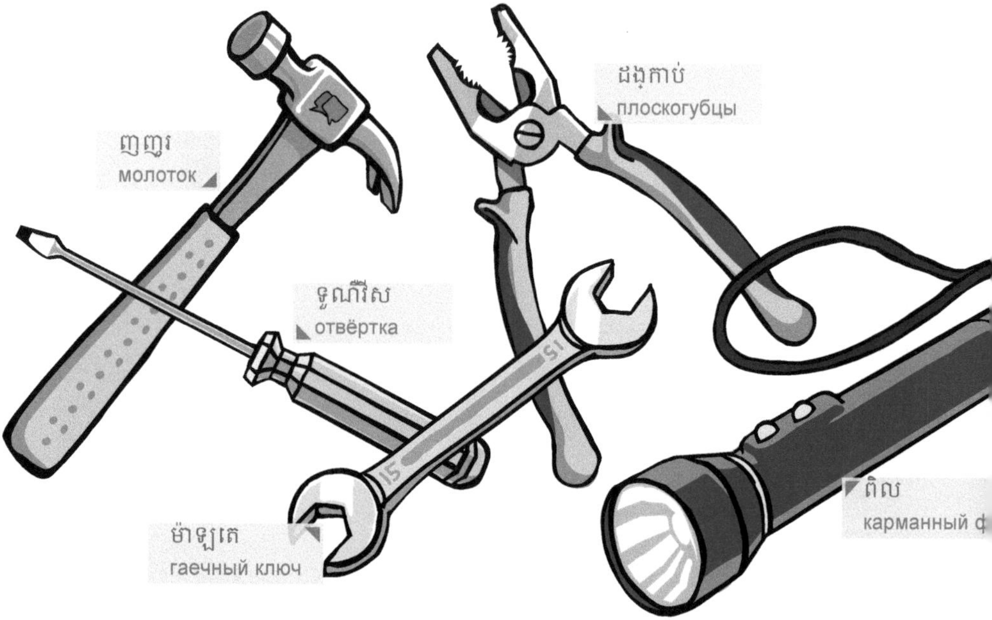
ញញួរ
молоток
ដង្កាប់
плоскогубцы
ទួណឺវីស
отвёртка
ម៉ាឡេត
гаечный ключ
ពិល
карманный ф

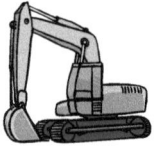

ម៉ាស៊ីនជីក
экскаватор

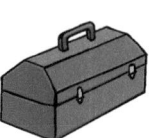

ប្រអប់ឧបករណ៍
ящик для инструментов

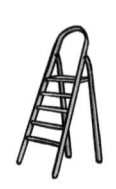

ជណ្ដើរ
стремянка

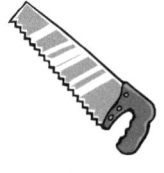

រណារ
пила

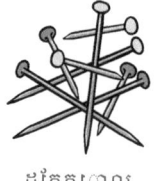

ដែកគោល
гвозди

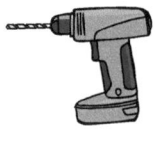

ប្រដាប់ស្វាន
дрель

ជួសជុល

ремонтировать

ប៉ែល

лопата

ចង្រៃ!

Блин!

បុ៉រដោបធូកធូលី

совок

ធុងថ្នាំពណ៌

ведро с краской

វីស

винты

ឧបករណ៍តន្ត្រី

музыкальные инструменты

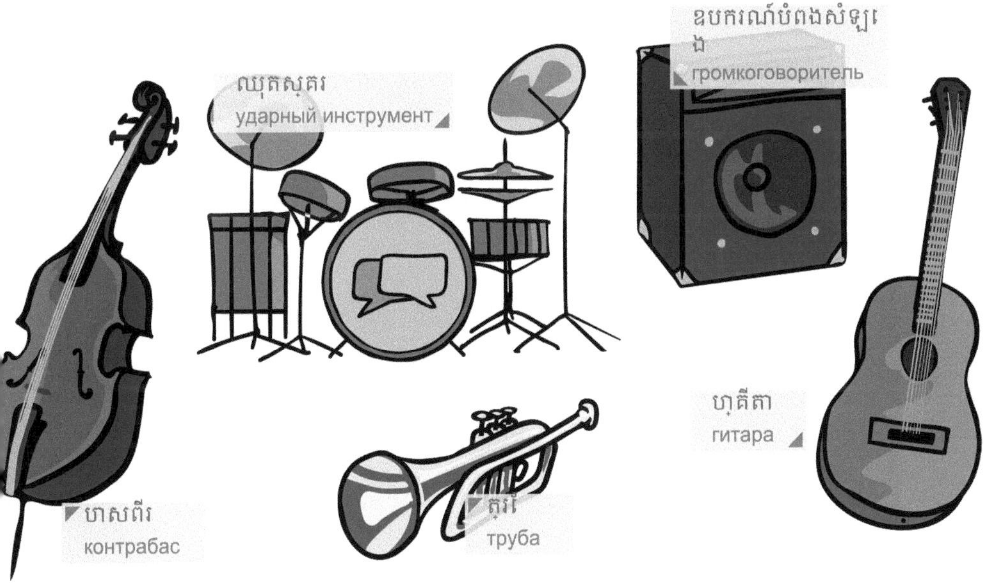

ឧបករណ៍បំពងសំឡេង
громкоговоритель

ឈុតសូរ
ударный инструмент

ហ្គីតា
гитара

ហាសពីរ
контрабас

ត្រែ
труба

ព្យាណូ

пианино

វីយុឡ្យុង

скрипка

ហាស

бас-гитара

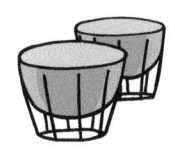

ស្គររពាសសុបកែមុយ៉ាង

литавры

ស្គរ

барабан

យឺបត

синтезатор

សាក់សូហ្វូន

саксофон

ខ្លុយ

флейта

មីក្រូហ្វូន

микрофон

សួនសត្វ

зоопарк

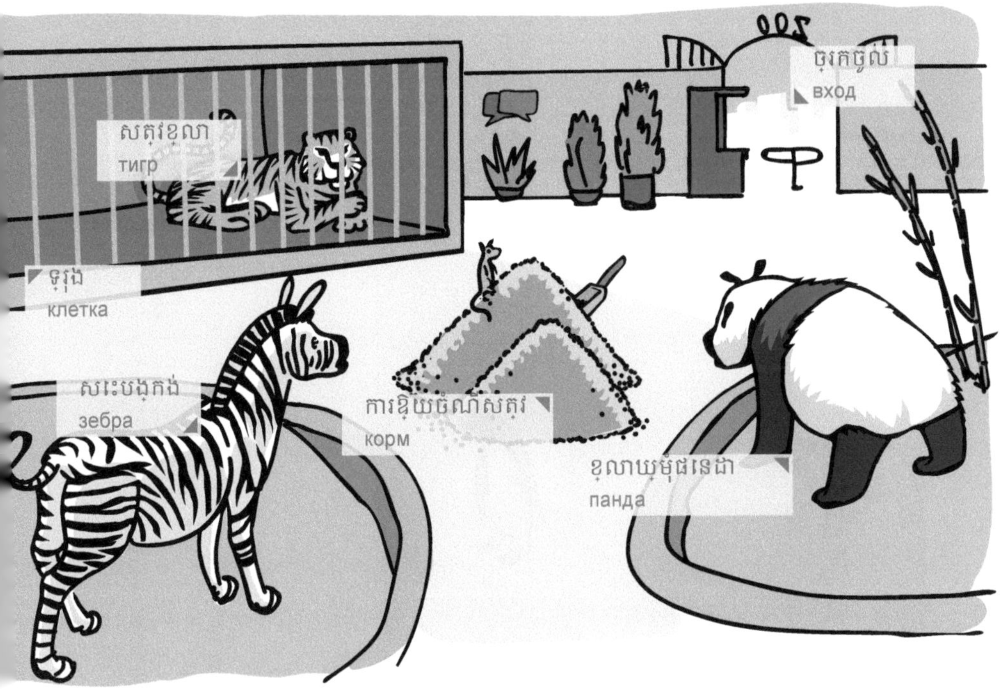

សត្វខ្លា
тигр
ទ្រុង
клетка
សេះបង្កង់
зебра
ការឱ្យចំណីសត្វ
корм
ខ្លាឃ្មុំផេនដា
панда
ច្រកចូល
вход

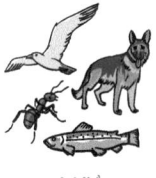

សត្វ

животные

សត្វដំរី

слон

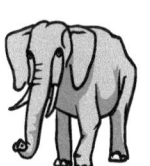

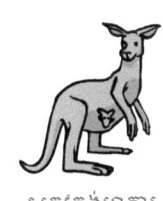

សត្វកង់ហ្គារូ

кенгуру

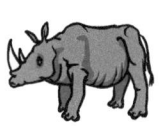

សត្វរមាស

носорог

សត្វស្វាហ្គ័រីឡា

горилла

ខ្លាឃ្មុំពណ៌ត្នោត

медведь

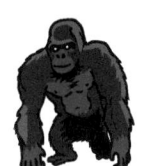

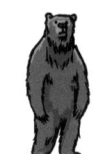

សត្វអូដ្ឋ

верблюд

សត្វអូទ្រិស

страус

សត្វតោ

лев

ស្វា

обезьяна

សត្វកុររៀល

фламинго

សកែ

попугай

ខ្លាឃ្មុំកំបន់ប៉ូល

белый медведь

ផេនឃ្វីន

пингвин

ត្រីឆ្លាម

акула

ក្ងោក

павлин

សត្វពស់

змея

ក្រពើ

крокодил

អ្នកក្រុសាសួនសត្វ

служитель зоопарка

ឆ្មាទឹក

тюлень

ខ្លារខិនមុយ៉ាង

ягуар

កូនសេះ
пони

ខ្លារខិន
леопард

សត្វដីវទឹក
бегемот

សត្វករវិង
жираф

ផ្នុទ្រី
орёл

ជ្រូក
кабан

ត្រី
рыба

អណ្តើក
черепаха

លេពមមច្ចា
морж

កញ្ជ្រោង
лиса

ក្ដាន់
газель

កីឡា

спорт

កីឡាហាល់ទាត់អាមេរិក
американский футбол

ការបុរណាំងកង់
езда на велосипеде

កីឡាថេននីស
теннис

កីឡាហាល់បបោះ
баскетбол

កីឡាហាលេទឹក
плавание

កីឡាវាយកូនហាល់លរកកិ
хоккей

កីឡាប្រដាល់
бокс

កីឡាហាល់ទាត់
футбол

កីឡាវាយសី
бадминтон

អត្តពលកម្ម
лёгкая атлетика

កីឡាហាល់កាន់
гандбол

ការជិះស្គី
лыжный спорт

ប៉ូឡូ
поло

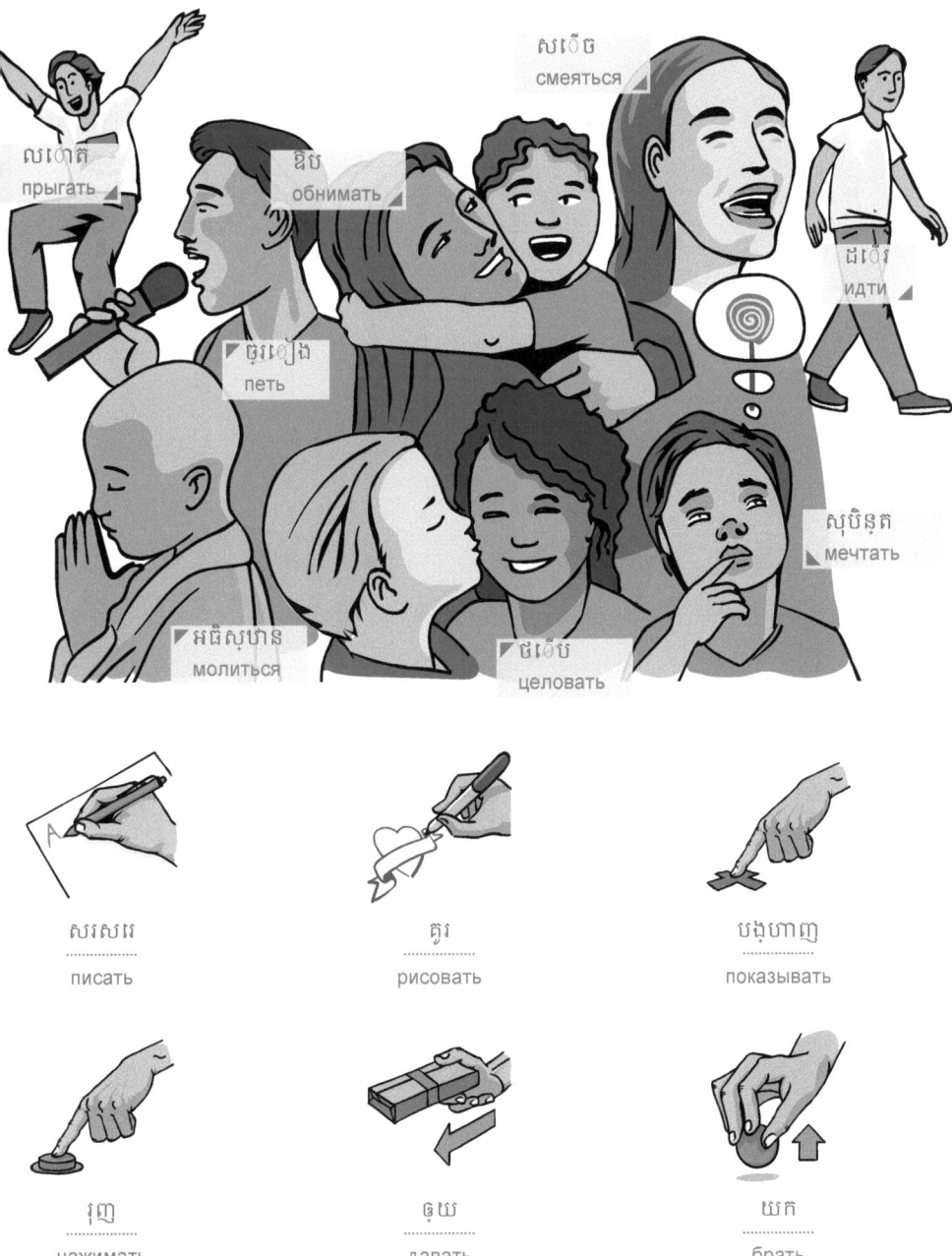

លោត
прыгать

ឱប
обнимать

សើច
смеяться

ដើរ
идти

ច្រៀង
петь

សុបិន្ត
мечтать

អធិស្ឋាន
молиться

ថើប
целовать

សរសេរ
писать

គូរ
рисовать

បង្ហាញ
показывать

រុញ
нажимать

ឲ្យ
давать

យក
брать

មាន

иметь

ធ្វើ

делать

គឺ

быть

ឈរ

стоять

រត់

бежать

ទាញ

тянуть

បោះ

бросать

ធ្លាក់

падать

កុហក

лежать

រង់ចាំ

ждать

យួរ

носить

អង្គុយ

сидеть

សួលៀកពាក់

надевать

ដេក

спать

ភ្ញាក់ឡើង

просыпаться

មេីល

рассматривать

យំ

плакать

គូសវាស

гладить

សិតសក់

причесывать

និយាយ

говорить

យល់

понимать

សួរ

спрашивать

ស្ដាប់

слушать

ផឹក

пить

បរិភោគ

кушать

សម្អាត

наводить порядок

សុរលាញ់

любить

ធ្មុអិន

готовить

បេីកបរ

ехать

ហេាះ

летать

ចេកទូក

ходить под парусом

គណនា

считать

អាន

читать

រៀន

учиться

ធ្វើការ

работать

រៀបការ

вступать в брак

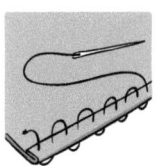

ដេរ

шить

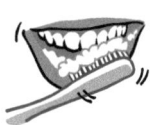

ដុសធ្មេញ

чистить зубы

សម្លាប់

убивать

ជក់

курить

ផ្ញើ

отправлять

ជីដូន
бабушка

ជីតា
дедушка

ខ្ញុំពុក
папа

មុតាយ
мама

ទារក
младенец

កូនស្រី
дочь

កូនប្រុស
сын

ភ្ញៀវ

гость

មីង

тетя

ពូ

дядя

បងប្អូនប្រុស

брат

បងប្អូនស្រី

сестра

រាងកាយ

тело

ថ្ងាស
лоб
ភ្នែក
глаз
ស្មា
плечо
ម្រាមដៃ
палец
មុខ
лицо
ចង្កា
подбородок
ដៃ
кисть
ជើង
нога
សុដន់
грудь
ដៃ
рука

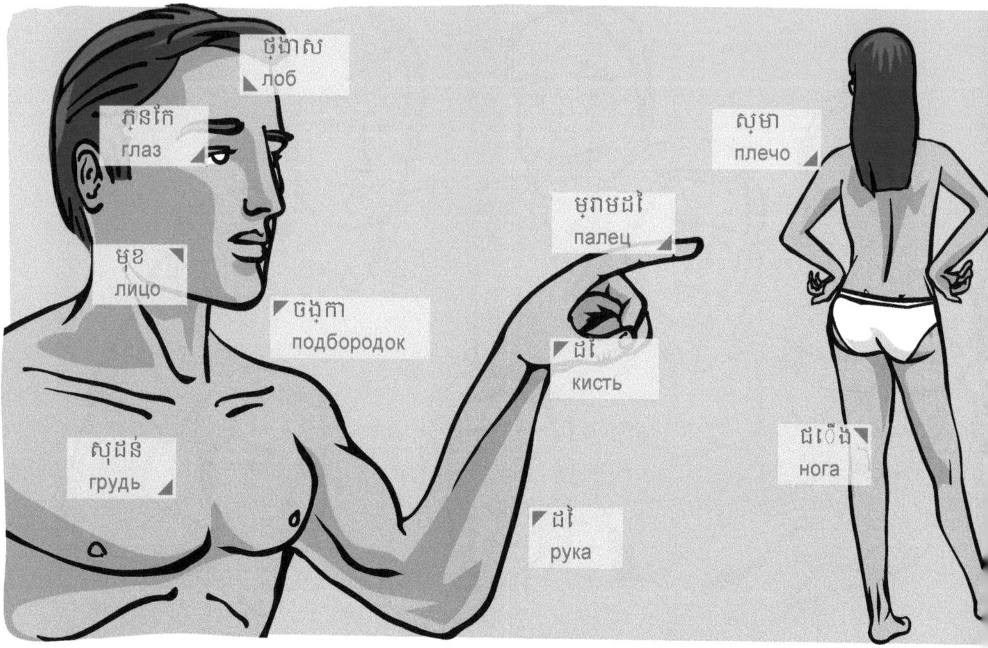

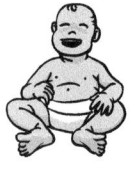

ទារក

младенец

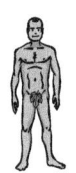

បុរស

мужчина

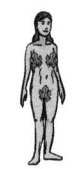

ស្ត្រី

женщина

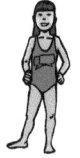

ក្មេងស្រី

девочка

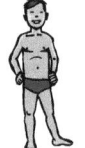

ក្មេងប្រុស

мальчик

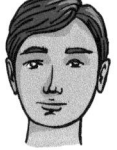

ក្បាល

голова

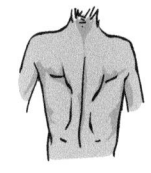

ខ្នង

спина

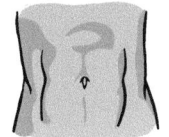

ពោះ

живот

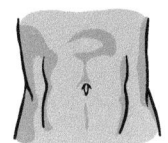

ផ្ចិត

пупок

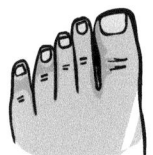

ម្រាមជើង

палец ноги

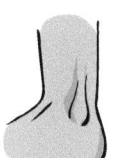

កែងជើង

пятка

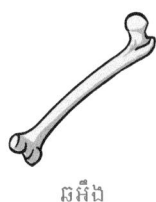

ឆ្អឹង

кость

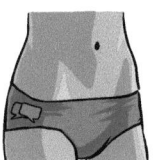

គូទភាគ

бедро

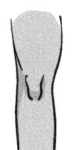

ផ្ងងតង់

колено

កែងដៃ

локоть

ច្រមុះ

нос

គូទ

ягодицы

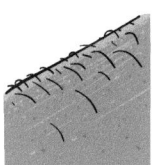

ស្បែក

кожа

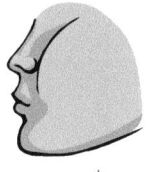

ថ្ពាល់

щека

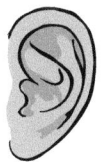

គូរចៀក

ухо

បបូរមាត់

губа

មាត់

рот

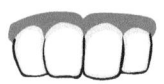

ធ្មេញ

зуб

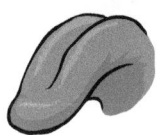

អណ្តាត

язык

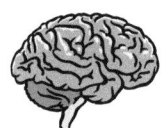

ខួរក្បាល

мозг

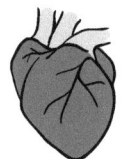

បេះដូង

сердце

សាច់ដុំ

мышца

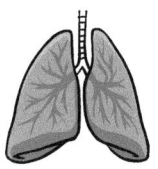

សួត

лёгкое

ថ្លើម

печень

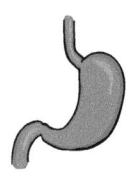

ក្រពះ

желудок

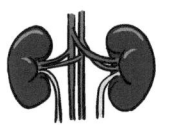

តម្រងនោម

почки

ការរួមភេទ

половой акт

ស្រោមអនាម័យ

презерватив

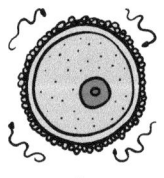

អូវុល

яйцеклетка

ទឹកកាម

сперма

ការមានផ្ទៃពោះ

беременность

រាងកាយ - тело

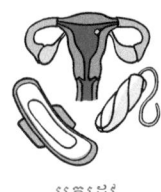

មករដូវ

менструация

ទ្វារមាស

вагина

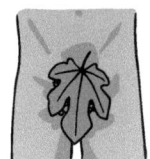

លិង្គត

пенис

ចិញ្ចើម

бровь

សក់

волосы

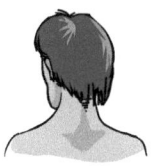

ក

шея

មន្ទីរពេទ្យ

больница

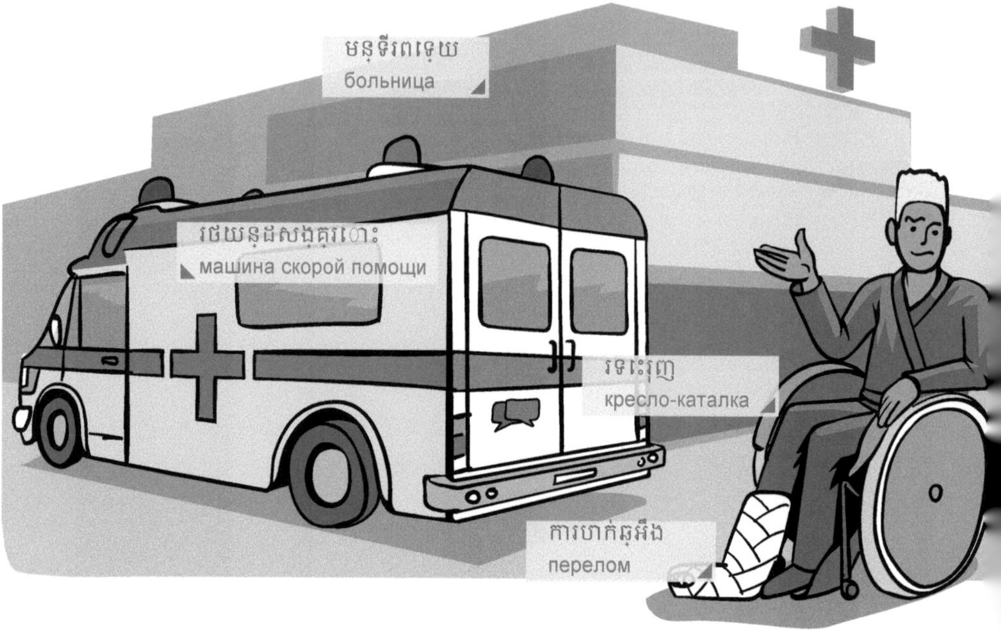

មន្ទីរពេទ្យ
больница
រថយន្តសង្គ្រោះ
машина скорой помощи
រទេះរុញ
кресло-каталка
ការបាក់ឆ្អឹង
перелом

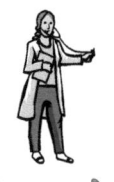

វេជ្ជបណ្ឌិត

врач

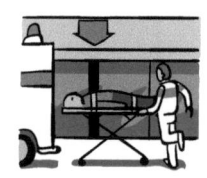

បន្ទប់សង្គ្រោះបន្ទាន់

пункт первой помощи

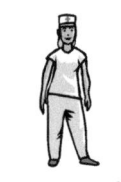

គិលានុបដ្ឋាយិកា

медсестра

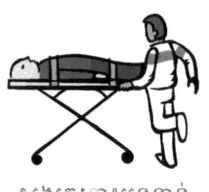

សង្គ្រោះបន្ទាន់

неотложный случай

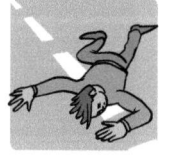

សន្លប់

без сознания

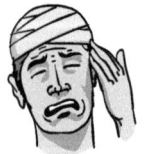

ការឈឺចាប់

боль

ការរងរបួស

повреждение

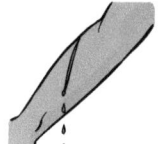

ការហូរឈាម

кровотечение

គាំងបេះដូង

инфаркт

ឈឺដាច់សរសៃឈាមក្នុង
ក្បាល

инсульт

អាលែកហ្សី

аллергия

ក្អក

кашель

ជំងឺគ្រុន

ышенная температура

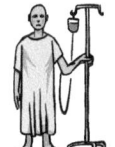

ជំងឺផ្តាសាយ

грипп

ជំងឺរាគរូស

понос

ឈឺក្បាល

головная боль

ជំងឺមហារីក

рак

ជំងឺទឹកនោមផ្អែម

диабет

គ្រូពេទ្យវះកាត់

хирург

កាំបិតវះកាត់

скальпель

ប្រតិបត្តិការ

операция

CT
......
КТ

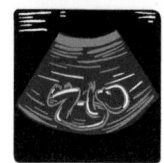

កាំស្មើអិច
......
рентген

អេក្វ
......
ультразвук

របាំងមុខ
......
маска

ជំងឺ
......
болезнь

រង់ចាំបន្ទប់
......
приёмная

ឈរើចរត់
......
костыль

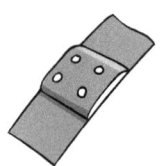

មុនាងសិលា
......
пластырь

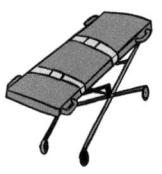

បង់រុំ
......
бинт

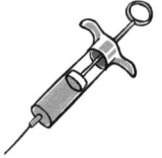

ការចាក់ថ្នាំ
......
укол

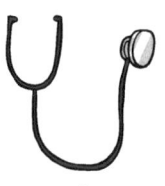

ស្ដេតូស្កូប
......
стетоскоп

ស្នងៃរបួស
......
носилки

ទែម៉ែម៉ែត្រពេទ្យាបាល
......
термометр

កំណើត
......
рождение

លើសទម្ងន់
......
избыточный вес

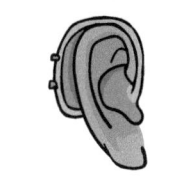

បរិក្ខារជំនួយការស្ដាប់

слуховой аппарат

សារធាតុសម្លាប់មេរោគ

дезинфекционное
средство

ការឆ្លងមេរោគ

инфекция

មេរោគ

вирус

មេរោគអេដស៍ / ជំងឺអេដស៍

ВИЧ / СПИД

ថ្នាំពេទ្យ

лекарство

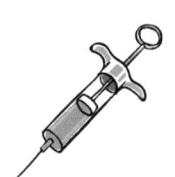

ការចាក់ថ្នាំបង្ការ

прививка

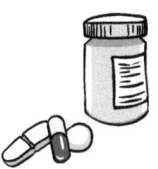

ថ្នាំគ្រាប់

таблетки

ថ្នាំគ្រាប់

противозачаточная
таблетка

ការហៅពេលអាសន្ន

экстренный вызов

ឧបករណ៍ពិនិត្យសម្ពាធឈាម

прибор для измерения
кровяного давления

ឈឺ / មានសុខភាពល្អ

больной / здоровый

ជំនួយ!

Помогите!

សំឡេងរោទ៍

сигнал тревоги

ការវាយលុក

нападение

ការវាយប្រហារ

атака

គ្រោះថ្នាក់

опасность

ចូរកចេញគ្រោះអាសន្ន

запасной выход

អគ្គីភ័យ!

Пожар!

បំពង់ពន្លត់អគ្គិភ័យ

огнетушитель

គ្រោះថ្នាក់

несчастный случай

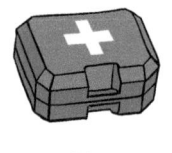

ឧបករណ៍ជំនួយបឋម

аптечка

SOS

SOS

ប៉ូលិស

милиция

អឺរុប

Европа

អាមេរិកខាងជើង

Северная Америка

អាមេរិកខាងត្បូង

Южная Америка

អាហ្វ្រិក

Африка

អាស៊ី

Азия

អូស្ត្រាលី

Австралия

អាត្លង់ទិច

тлантический океан

ប៉ាស៊ីហ្វិក

Тихий океан

មហាសមុទ្រវេណ្ឌា

Индийский океан

ហាសមុទ្រអង់តាក់ទិច

нтарктический океан

មហាសមុទ្រអាកទិច

Северный Ледовитый
океан

ប៉ូលខាងជើង

Северный полюс

ប៉ូលខាងត្បូង

Южный полюс

អង់តាកទិក

Антарктика

ផែនដី

земля

ដីគោក

суша

សមុទ្រ

море

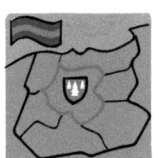

កោះ

остров

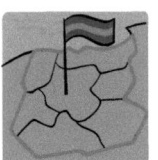

បុរទេសេជាតិ

нация

រដ្ឋ

государство

ផែនដី - земля

មុខនាឡិកា

циферблат

ទ្រនិចម៉ោង

часовая стрелка

ទ្រនិចនាទី

минутная стрелка

ទ្រនិចវិនាទី

секундная стрелка

ម៉ោងប៉ុន្មាន?

Который час?

ថ្ងៃ

день

ពេលវេលា

время

ឥឡូវនេះ

сейчас

នាឡិកាឌីជីថល

электронные часы

នាទី

минута

ម៉ោង

час

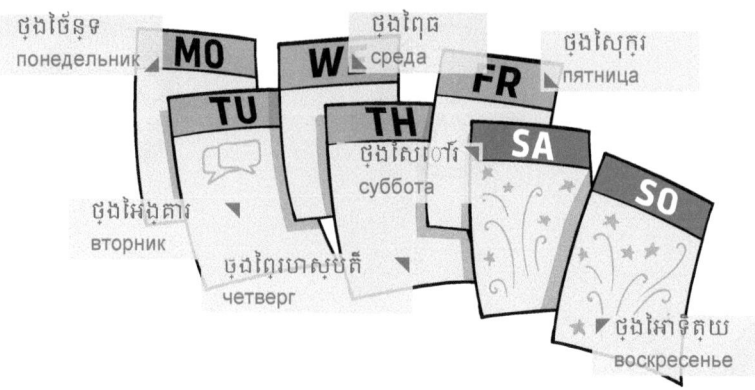

ថ្ងៃចន្ទ
понедельник

ថ្ងៃពុធ
среда

ថ្ងៃសុក្រ
пятница

ថ្ងៃអង្គារ
вторник

ថ្ងៃសៅរ៍
суббота

ថ្ងៃព្រហស្បតិ៍
четверг

ថ្ងៃអាទិត្យ
воскресенье

មុសិលមិញ

вчера

ថ្ងៃនេះ

сегодня

ថ្ងៃស្អែក

завтра

ពុំវឹក

утро

ថ្ងៃត្រង់

полдень

ល្ងាច

вечер

ថ្ងៃធ្វើការ

рабочие дни

ថ្ងៃសប្តាហ៍

выходные

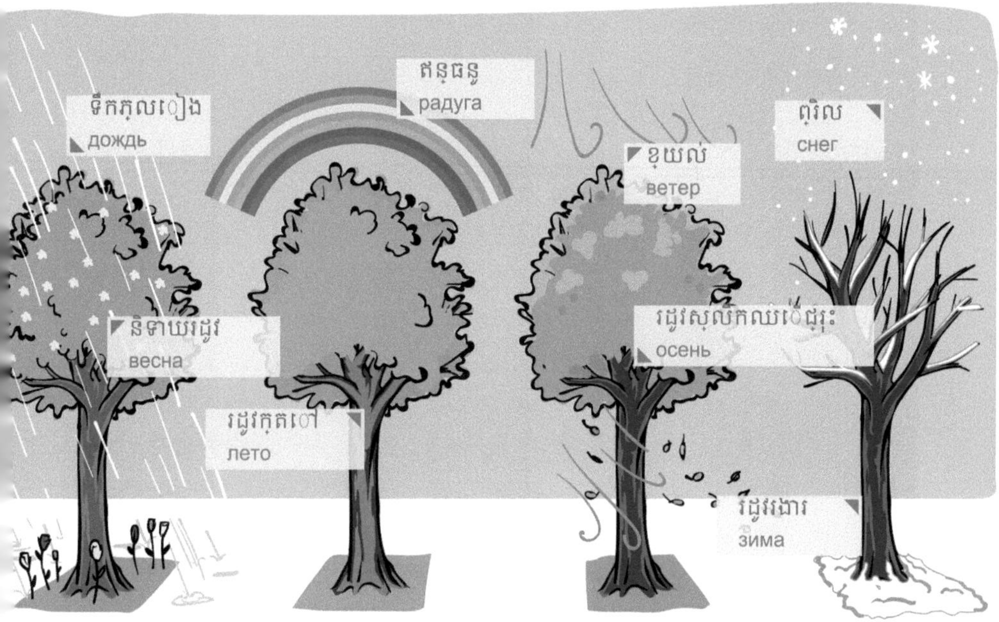

ទឹកភ្លៀង
дождь
ឥន្ធនូ
радуга
ខ្យល់
ветер
ព្រិល
снег
និទាឃរដូវ
весна
រដូវស្លឹកឈើជ្រុះ
осень
រដូវក្តៅ
лето
រដូវរងារ
зима

4.APRIL 11°
5.APRIL 4°
6.APRIL 13°
7.APRIL 8°
8.APRIL 10°

ព្យាករណ៍អាកាសធាតុ

прогноз погоды

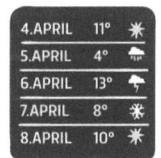

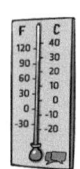

ទែម៉ូម៉ែត្រ

термометр

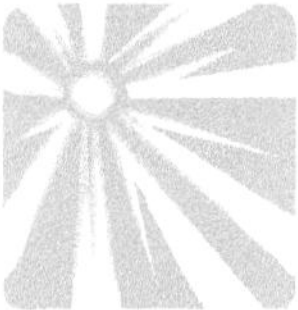

ពន្លឺថ្ងៃ

солнечный свет

ពពក

туча

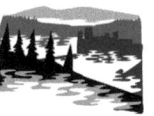

អ័ព្ទ

туман

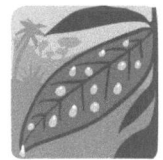

សំណើម

влажность воздуха

រន្ទះ

молния

ផ្គរ

гром

ព្យុះ

буря

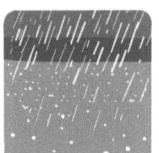

ព្រិល

град

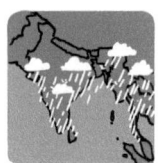

ខ្យល់មូសុង

муссон

ទឹកជំនន់

наводнение

ទឹកកក

лёд

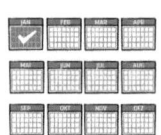

ខែមករា

январь

ខែកុម្ភៈ

февраль

ខែមីនា

март

ខែមេសា

апрель

ខែឧសភា

май

ខែមិថុនា

июнь

ខែកក្កដា

июль

ខែសីហា

август

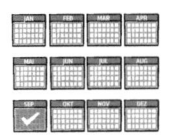

ខែកញ្ញា

сентябрь

ខែតុលា

октябрь

ខែវិច្ឆិកា

ноябрь

ខែធ្នូ

декабрь

រាង

формы

រង្វង់

круг

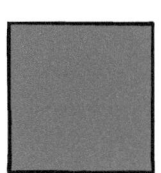

ការេ

квадрат

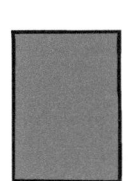

ចតុកោណកែង

прямоугольник

ត្រីកោណ

треугольник

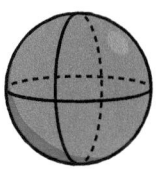

ស្វ៊ែរ

шар

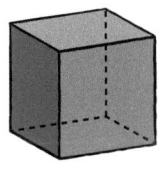

គូប

куб

ពណ៌ស

белый

ពណ៌លឿង

желтый

ពណ៌ទឹកក្រូច

оранжевый

ពណ៌ផ្កាឈូក

розовый

ពណ៌ក្រហម

красный

ពណ៌ស្វាយ

лиловый

ពណ៌ខៀវ

синий

ពណ៌បៃតង

зелёный

ពណ៌ទឹកក្រូច

коричневый

ពណ៌ប្រផេះ

серый

ពណ៌ខ្មៅ

черный

противоположности

ចូរច៉ើន / តិចតួច

много / мало

ខឹង / គួរជាក់ចិត្ត

яростный / мирный

សួរស់ស្អាត / អាក្រក់

красивый / уродливый

ចាប់ផ្តើម / បញ្ចប់

начало / конец

ធំ / តូច

большой / маленький

ភ្លឺ / ងងឹត

светлый / темный

បុអ្នកបុរស / បងបុអ្នកស្រី

брат / сестра

ស្អាត / កខ្វក់

чистый / грязный

ពេញលេញ / មិនពេញលេញ

полный / неполный

ថ្ងៃ / យប់

день / ночь

ស្លាប់ / នៅរស់

мёртвый / живой

ធំទូលាយ / តូចចង្អៀត

широкий / узкий

អាចបរិភោគបាន / មិនអាចបរិភោគបាន

съедобный / несъедобный

ចិត្តអាក្រក់ / ចិត្តល្អ

злой / дружелюбный

ការរំភើប / អផ្សុក

взволнованный / скучающий

ធាត់ / ស្គម

толстый / худой

ដំបូង / ចុងក្រោយ

сначала / в конце

មិត្តភក្តិ / សត្រូវ

друг / враг

ពេញ / ទទេ

полный / пустой

រឹង / ទន់

твёрдый / мягкий

ធ្ងន់ / ស្រាល

тяжёлый / легкий

ភាពអត់ឃ្លាន / ការស្រេកឃ្លាន

голод / жажда

ឈឺ / មានសុខភាពល្អ

больной / здоровый

ខុសច្បាប់ / ត្រូវច្បាប់

незаконный / законный

ឆ្លាតវៃ / ឆ្កួត

умный / глупый

ឆ្វេង / ស្តាំ

слева / справа

ជិត / ឆ្ងាយ

близко / далеко

ថ្មី / ហានបុរេ៍

новый / подержанный

គ្មានអ្វីសោះ / អ្វីម្យ

ничто / нечто

ចាស់ / ក្មេង

старый / молодой

បើក / បិទ

ключено / выключено

បើក / បិទ

открыто / закрыто

ស្ងប់ស្ងាត់ / ឮខ្លាំង

тихо / громко

មាន / ក្រ

богатый / бедный

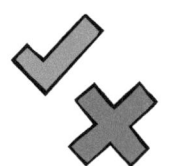

គ្រូវ / ខុស

правильный /
неправильный

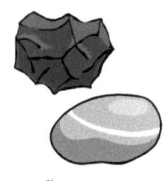

គ្រូម៉ើម / លម៉ោង

шероховатый / гладкий

កចិត្ត / សប្បាយចិត្ត

ıальный / счастливый

ខ្លី / វ៉ែង

короткий / длинный

យឺត / លឿន

медленный / быстрый

សម៉ើម / ស្ងួត

мокрый / сухой

កុតៅ / គ្រជាក់

тёплый / прохладный

សង្គ្រាម / សន្តិភាព

война / мир

0

សូន្យ

ноль

1

មួយ

один

2

ពីរ

два

3

បី

три

4

បួន

четыре

5

ប្រាំ

пять

6

ប្រាំមួយ

шесть

7

ប្រាំពីរ

семь

8

ប្រាំបី

восемь

9

ប្រាំបួន

девять

10

ដប់

десять

11

ដប់មួយ

одиннадцать

12
ដប់ពីរ

двенадцать

13
ដប់បី

тринадцать

14
ដប់បួន

четырнадцать

15
ដប់ប្រាំ

пятнадцать

16
ដប់ប្រាំមួយ

шестнадцать

17
ដប់ប្រាំពីរ

семнадцать

18
ដប់ប្រាំបី

восемнадцать

19
ដប់ប្រាំបួន

девятнадцать

20
ម្ភៃ

двадцать

100
រយ

сто

1.000
ពាន់

тысяча

1.000.000
លាន

миллион

អង់គុលសេ

английский

អង់គុលសេអាមរិក

американский английский

ចិនកុកធ្

мандаринский китайский

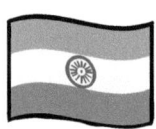

ហិណ្ឌូ

хинди

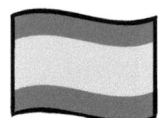

អេស្បាញ

испанский

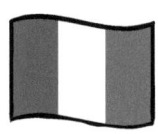

ហារាំង

французский

អារ៉ាប់

арабский

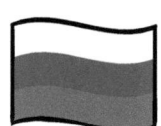

រុស្សី

русский

ព័រទុយហ្គាល់

португальский

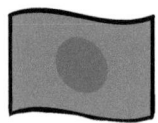

បង់ក្លាដេស

бенгальский

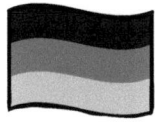

អាល្លឺម៉ង់

немецкий

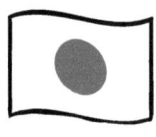

ជប៉ុន

японский

ខ្ញុំ

я

អ្នក

ты

គាត់ / នាង / វា

он / она / оно

យើង

мы

អ្នក

вы

ពួកគេហេន

они

នរណា?

кто?

អ្វី?

что?

របៀបណា?

как?

កន្លែងណា?

где?

ពេលណា?

когда?

ឈ្មោះ

имя

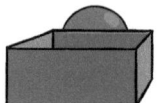

ព័ក្រោយ

за

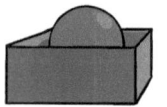

ក្នុង

в

ព័មុខ

перед

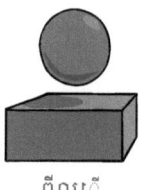

ពីលើ

над

នៅលើ

на

នៅក្រោម

под

នៅក្បែរ

рядом

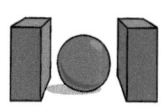

រវាង

между

កន្លែង

место